Provence
Terre de Lavande

PROVENCE
TERRE DE LAVANDE

HANS SILVESTER

TEXTE DE
CHRISTIANE MEUNIER

Éditions de La Martinière

Ce livre est dédié
aux Paysans de Provence qui,
par leur travail,
ont embelli la terre

Les photographies de cet ouvrage
ont été réalisées avec des Leica M6 et R6

Films utilisés : Kodachrome 64 et 200

Achevé d'imprimer le 28 août 1995
sur les presses d'Artegrafica à Vérone
Photogravure Quadriscan à Oraison
ISBN : 2-73-242097-2
Dépôt légal : septembre 1995
Imprimé en Italie

En Provence, la lavande et son hybride, le lavandin, sont partout présents. L'hiver, les champs n'offrent plus qu'une géométrie rigoureuse et dépouillée : les plantes ont été coupées très court lors de la récolte, et les rameaux ne portent qu'un maigre feuillage grisâtre.

Dès qu'arrive le printemps, elles se colorent d'un vert tendre, qui devient de plus en plus soutenu. En juin, à l'extrémité des tiges nouvelles apparaissent les boutons floraux : ils ne forment d'abord qu'un léger reflet mauve, perceptible surtout lorsque le vent incline les tiges.

Mais le soleil devient plus chaud et les fleurs ne tardent pas à s'épanouir en des bleus violets éclatants : l'été est là !

C'est une période d'activité intense : on travaille jour et nuit pour couper les fleurs et en distiller les essences. Cela ne peut attendre et le temps est compté !

Après la récolte, il faut espérer que les orages bénéfiques de la fin de l'été viendront revigorer les plantes épuisées par la floraison, la chaleur et le passage de la machine à couper.

À la fin de septembre, tous les champs sont récoltés; la nature va reconstituer ses forces et, après un été torride, se préparer doucement à supporter l'hiver, qui peut être rigoureux.

Chaque saison présente une image bien différente des champs de lavande et de lavandin, mais toutes ont leur beauté et pourraient symboliser les aspects parfois contradictoires de l'âme provençale, toujours partagée entre le triste et le gai, le tendre et le dur !

Les champs eux-mêmes ne se ressemblent pas tous : ceux de vraie lavande ont un aspect un peu « disparate » (aucun plant ne ressemble à son voisin, ni par la forme ni par la couleur); les plants de lavandin, au contraire, très réguliers, déroulent des haies parfaites épousant les courbes du terrain.

Les différences de paysages reflètent aussi les types de lavandiculture : dans les zones de plaine ou de plateau, les cultures, très étendues et intensives, sont mécanisées et les exploitations gérées comme de véritables entreprises. Dans les zones montagneuses, les fermes, souvent éparpillées, se partagent de petites parcelles formant une sorte de manteau d'Arlequin sur les pentes accidentées et rocailleuses.

Sous des aspects divers, les plantations de lavande-lavandin font maintenant figure de constantes du paysage et de l'activité du midi de la France; il n'en a pas toujours été ainsi : ces cultures n'existent que depuis le début du siècle.

La lavande, naturellement, existait bien avant qu'on ne la cultive.

Elle pousse spontanément sur les pentes ensoleillées des collines provençales, dans des sols bien drainés et à une altitude minimale d'environ 600 mètres.

Elle appartient à la famille des Labiées, qui comprend de nombreuses autres plantes aromatiques : thym, origan, sauge, etc. Le tissu végétal de ces plantes présente la particularité de comporter des cellules spécialisées, groupées en glandes, qui, au fur et à mesure de leur maturité, sécrètent des huiles essentielles aromatiques et les stockent dans les différentes parties de la plante : fleurs, bien sûr, mais aussi feuilles et tiges.

En distillant les tiges fleuries à la vapeur d'eau, on extrait l'huile essentielle (ou essence), largement utilisée en parfumerie. La sécrétion d'huile essentielle, liée au phénomène de photosynthèse, est plus intense dans les régions très ensoleillées – c'est au soleil que la Provence doit ses parfums !

Il s'agit probablement d'une forme d'adaptation des plantes à la sécheresse. L'observation au microscope montre qu'un feutrage serré de poils (les « trichomes tecteurs ») recouvre la surface de la plante et la protège de la chaleur et du dessèchement en limitant l'évaporation de l'eau qu'elle contient.

Dès l'Antiquité, les textes mentionnent l'usage de la lavande pour parfumer l'eau des bains et des lessives.

Au Moyen Âge les références à cette plante se multiplient dans les écrits, suite au développement de la médecine et de la parfumerie. Les pouvoirs désinfectants de la lavande comme son parfum sont souvent mis à contribution : elle fait partie des plantes que l'on brûle en grande quantité dans les maisons et dans les rues pour lutter contre les épidémies de peste. On pensait en effet que la maladie se propageait par l'odeur et l'on pratiquait des fumigations parfumées pour enrayer la contagion. Dans les archives de nombreuses villes provençales, on trouve le décompte précis des sommes dépensées par la collectivité pour acheter aux paysans des quantités considérables de plantes aromatiques, notamment de lavande, qu'ils allaient cueillir dans les collines.

L'essence de lavande, qui est effectivement un antiseptique efficace, est utilisée en Provence pour soigner les brûlures et les blessures des bêtes et des gens, car on a observé depuis longtemps que les coupures faites en récoltant la lavande à la faucille ne s'infectent jamais !

À partir de la Renaissance, parallèlement aux usages thérapeutiques internes et externes, l'utilisation des huiles essentielles de lavande s'accroît fortement, stimulée par la proximité de la ville de Grasse, devenue la « capitale de la parfumerie ». Cette ville développe, sous l'influence de la famille italienne des Médicis (XIVe-XVIe siècles) qui en fait un pôle commercial important, différentes industries appuyées

sur les ressources locales et sur celles de l'arrière-pays : les nombreux troupeaux de moutons, par exemple, fournissent à la fois des cuirs pour la tannerie et du suif, dont on fait du savon et des pommades cosmétiques. Il faut savoir qu'à l'époque la mode veut que les articles de peausserie fine soient parfumés, surtout les gants, qui font partie intégrante du costume de toute personne (homme ou femme) de qualité. Ce sont les maîtres gantiers grassois qui deviennent les premiers parfumeurs.

Par la suite, l'industrie de la parfumerie prend le pas sur toutes les autres : la production des matières premières aromatiques nécessaires à son développement devient la grande affaire non seulement de Grasse et de ses environs, mais bientôt de toute la région provençale bas-alpine.

La cueillette de la lavande sauvage, d'abord occasionnelle, se pratique donc de manière de plus en plus systématique sur les collines sèches du midi de la France.

Au début du XIXe siècle, le développement industriel donne naissance à un phénomène nouveau par son amplitude : de nombreux paysans quittent la campagne pour travailler dans les manufactures ou au « chemin de fer » en cours de construction. L'exode rural aura des conséquences majeures sur les villes comme sur les campagnes.

Symbole de luxe et de civilité, le parfum survit aux secousses de l'histoire et fait peu à peu la conquête de toutes les classes sociales. Les rois et les nobles sont fous de parfums. Napoléon est un grand consommateur d'eau de Cologne : comme il ne peut s'en procurer pendant son exil, son serviteur lui en fabrique à partir des plantes locales de Sainte-Hélène. La « recette » a été récemment retrouvée dans le tiroir d'un secrétaire qui lui a appartenu. Repensée par des parfumeurs contemporains, elle nous restitue, par-delà le temps, un peu de l'ambiance olfactive de l'exil napoléonien... Cette anecdote montre combien le parfum est important pour les grands de ce monde et pour les classes dominantes, dont il constitue véritablement l'un des signes distinctifs. On comprend mieux, dès lors, que le parfum soit considéré comme une marque d'élégance et d'ascension sociale, au même titre que le vêtement.

Les populations qui viennent se fixer en ville sont particulièrement avides de ces marques de raffinement et n'hésitent pas à dépenser une partie de leur salaire pour se les offrir ou... les offrir.

Cette mode n'est plus réservée à une élite riche et oisive, elle touche toutes les classes sociales. Les industries de cosmétique et de parfumerie se multiplient, principalement en France, mais aussi dans toutes les grandes villes d'Europe et d'Amérique.

La population ouvrière citadine, qui augmente considérablement, constitue un nouveau marché pour les produits manufacturés : les habitudes de consommation se modifient complètement. À la campagne, les rentrées d'argent liquide étaient rares et l'on produisait soi-même la plus grande partie de ce que l'on consommait. Les échanges entre voisins ou sur les marchés venaient compléter l'approvisionnement de la ferme, et l'on achetait à proprement parler un minimum de choses. L'économie était la règle, et l'argent – lorsque l'on en avait – devait servir en priorité à agrandir le patrimoine en achetant des terres, et non des biens de consommation, considérés comme superflus. Avec le salariat citadin, cette mentalité change du tout au tout : l'argent du salaire sert davantage à l'achat de produits manufacturés. Les boutiques des villes en offrent un large éventail et les classes ouvrières cherchent à imiter la bourgeoisie, qui, elle, copie les habitudes de la noblesse. Or l'usage des parfums sous toutes leurs formes a toujours constitué l'un de ses apanages : on faisait grand usage de parfums à la cour et dans les classes aisées. Tout était parfumé : les gants, les pourpoints, les perruques, les mouchoirs... On a peine à imaginer aujourd'hui quel pouvait être cet univers olfactif d'autant plus qu'à certaines époques cette débauche de parfums, outre le plaisir qu'elle procurait, servait aussi à pallier une hygiène douteuse !

Les besoins en matières premières aromatiques augmentent bien sûr en conséquence, et là, bien loin du brouhaha des villes, nous retrouvons nos collines provençales : les zones les plus pauvres sont peu à peu désertées par les paysans qui partent chercher du travail en ville. Ces régions sont souvent constituées de terrains pentus, situés en altitude, où le sol maigre est érodé par des pluies rares mais très violentes. Les cultures n'y subsistant qu'au prix d'un travail incessant sur de petites parcelles entourées de murets pour retenir la terre, ce sont ces zones de montagne sèche qui vont être abandonnées les premières. Ces terrains se révéleront extrêmement favorables à la prolifération de la lavande sauvage, qui va peu à peu envahir tout l'espace laissé libre par la désaffection agricole... La lavande aime l'altitude, les sols caillouteux mais amendés par des années d'un travail patient. Les troupeaux de moutons apportent une fumure occasionnelle et détruisent les jeunes arbres et les buissons dont elle déteste l'ombre.

Les collines abandonnées se couvrent donc de lavande au moment même où l'industrie du parfum réclame de plus en plus de matières premières. L'industrie grassoise, concernée au premier chef par cette production, va tout particulièrement s'y intéresser, et organiser un circuit de distilleries et de collecte des essences.

Au cours du XIXe siècle, la cueillette de la lavande se pratique de manière de plus en plus systématique. Autrefois considérée comme une occupation marginale et comme un revenu d'appoint, elle devient pour certaines exploitations une part importante de l'activité. Au départ, c'est l'affaire des femmes et des enfants ou l'occupation des bergers et des bûcherons à temps perdu : la faucille à la main, chacun va de son côté couper les lavandes sauvages et les rapporte dans un grand sac de toile pendu à l'épaule, ou dans un tablier. (Dans certaines régions, on mesure les quantités cueillies en nombre de « tabliers ».) La cueillette est distillée dans des alambics primitifs, de petite capacité, chauffés au bois.

À partir de 1850, les chefs de famille prennent les choses en main, ce qui témoigne de l'importance nouvelle de cette ressource dans l'économie agricole. De véritables chantiers de coupe sont organisés chaque été. Les équipes de coupeurs ne comprennent plus seulement les membres de la famille ou les voisins, mais également de la main-d'œuvre saisonnière extérieure : d'abord des bûcherons ou des gitans, puis des travailleurs venus d'autres pays – Italie, Espagne, Afrique du Nord.

Au début du XXe siècle, les équipes peuvent comprendre jusqu'à trente ou quarante personnes qui restent toute la semaine dans la montagne, coupant les fleurs de lavande à la faucille du matin au soir.

Une grande quantité de fleurs est coupée chaque jour. Elle peut être distillée sur place dans des alambics de cuivre mobiles, transportés à dos d'âne ou de mulet et installés près du cours d'eau le plus proche.

Cependant, pour économiser le temps et l'énergie, la tendance va vers une augmentation de la capacité des appareils, et la construction, autour du vase de distillation et du four, d'un bâti de briques réfractaires.

On transporte alors les plantes coupées jusqu'aux distilleries, devenues fixes. Les exploitations importantes possèdent leur propre alambic, mais les industriels de la parfumerie vont aussi implanter un réseau de distilleries pour encourager la cueillette et assurer leur approvisionnement en essence de lavande.

Le développement de la cueillette de la lavande modifie profondément l'économie et le mode de vie des paysans : leur activité, jusque-là tournée en priorité vers l'autoconsommation, s'enrichit d'une production à usage industriel, source de revenu « en argent » qui peut permettre, grâce à une économie rigoureuse poursuivie parfois sur plusieurs générations, d'acheter d'autres terres, d'améliorer les bâtiments ou l'équipement de la ferme, de faire face à des dépenses exceptionnelles (cérémonies, dots, voyages, établissement des enfants...).

L'essence de lavande peut être facilement conservée pour être vendue au moment opportun lorsque les prix sont le plus favorables; l'agriculteur va pouvoir gérer cette ressource et faire davantage de projets à long terme.

Cette nouvelle source de profit modifie les comportements et suscite de véritables conflits de génération entre les anciens, qui tiennent aux productions vivrières et au système d'autosuffisance, et les plus jeunes, prêts à investir en temps et en matériel dans cette nouvelle activité.

La distillation et le commerce des essences engendrent l'apparition de l'activité de distillateur-courtier, qui peut être exercée comme métier à part entière pour le compte d'une société de parfumerie française ou étrangère.

Il arrive fréquemment que des exploitants agricoles disposant d'un alambic distillent à façon pour les agriculteurs du voisinage. Ils deviennent alors producteurs-distillateurs et adjoignent souvent à cette activité celle de courtier, c'est-à-dire qu'ils achètent les essences qu'ils distillent et les revendent aux industries utilisatrices. Tout cela implique de disposer d'un moyen de transport pour collecter et livrer les bidons d'essence : les courtiers sont ainsi souvent les premiers propriétaires de véhicules automobiles !

En Provence, ce système de courtage concerne également d'autres productions à usage industriel : commerce des cocons de vers à soie, des chardons cardères (pour peigner les textiles), de la laine et des peaux, etc.

Le commerce des essences de lavande renforce et développe ce réseau ainsi que le rôle des marchés et des foires où se traite la vente des essences : Sault, Forcalquier, Carpentras, etc. Agriculteurs, courtiers, industriels et négociants s'y rencontrent régulièrement pour conclure les affaires et établir les cours. De nos jours, malgré le développement des moyens de communication, le courtage en essences existe encore et les foires et marchés sont toujours l'occasion de rencontres professionnelles, formelles ou non.

Si l'importance de cette activité apparaît immédiatement au niveau de l'agriculture et du commerce, elle n'est pas négligeable pour l'artisanat local. Les alambics sont généralement fabriqués par des ferronniers-chaudronniers indépendants, et chacun essaye d'améliorer ses appareils – le cuivre est le métal le plus employé, car il est facile à travailler au marteau et conduit bien la chaleur. Il sert également à fabriquer les bidons pour transporter et conserver les essences, mais les conditionnements peuvent aussi être en étain, et, plus tard, en zinc. Les artisans des bourgs trouvent là une activité nouvelle qui engendre, dès le début du XXe siècle, la création de véritables petites entreprises spécialisées.

Devant l'intérêt présenté par la cueillette de la lavande, les propriétaires des terrains, pour favoriser la propagation de la plante, n'hésitent pas à éclaircir les lavanderaies (ils arrachent les plants en surnombre pour permettre aux autres une meilleure croissance), à passer la charrue pour ameublir le sol, voire à apporter des fumures pour le rendre plus fertile. Au passage, on arrache systématiquement les arbustes naissants, surtout les conifères, car leurs aiguilles, en tombant, rendent les sols acides et impropres au développement des autres végétaux. La lavande aime le soleil, et le couvert des arbres ne lui convient pas. Compte tenu des conditions d'aridité des régions où elle pousse, toute autre plante représente pour elle une concurrence néfaste qui vient appauvrir le sol en eau. On essaye donc de lui donner le maximum de chances en éliminant la compétition.

Ces pratiques ne constituent pas encore une culture à part entière puisqu'il s'agit de favoriser l'expansion naturelle de la lavande sauvage, non de mettre en place des plantations. Bien sûr, l'idée de cultiver la lavande a rapidement fait son apparition, mais les tentatives de plantation n'ont pas connu un grand succès : on essaye généralement d'arracher de jeunes lavandes sauvages pour les repiquer dans un champ. Mais, faute d'arrosage, le taux de reprise est très médiocre.

En fait, la mise en culture sur grande échelle n'intervient que dans les années 1920-1930, non sur la lavande elle-même, mais sur son hybride, le lavandin : la lavande *(Lavandula angustifolia)* pousse parfois à une altitude assez basse (moins de 500 mètres) où elle voisine avec une plante de la même famille, appelée « aspic » *(Lavandula latifolio)*. La pollinisation entre lavande et aspic est provoquée par le vent, ou, plus souvent, par les abeilles, qui butinent successivement les fleurs des deux catégories, apportant sur le pistil (élément femelle) d'une fleur le pollen recueilli sur les étamines (élément mâle) d'une autre. Les graines issues de cette fécondation donnent naissance à une plante hybride, le lavandin, qui, sauf exception, est toujours stérile.

Les paysans avaient certes remarqué ces plantes particulières, plus développées et plus tenaces que les autres, qu'ils baptisèrent « grosse lavande », « grande lavande » ou encore « lavande bâtarde ». Mais l'identification précise du lavandin est le fait de scientifiques dont les travaux répondent à un double objectif : augmenter et contrôler, grâce à la mise en culture, la production d'huile essentielle de lavande et favoriser le développement agricole de régions pauvres où les ressources se limitent souvent à un petit élevage de chèvres ou de moutons, et à quelques cultures vivrières.

Différents chercheurs se penchent donc sur la question : en 1927, dans les laboratoires de la Société Chiris à Grasse (société de parfumerie aujourd'hui disparue), la pollinisation artificielle de l'aspic par du pollen de lavande permet d'obtenir six graines. Leur semis donne deux plantes, que l'on identifie comme « lavandins ». Pourtant, si cet événement est relaté comme le fait marquant la « découverte » du lavandin, beaucoup d'autres recherches, menées parallèlement, vont permettre une véritable explosion de la lavandiculture à partir des années 1930.

L'hybride lavandin offre de nombreux avantages : plante robuste, s'accommodant de conditions climatiques difficiles, de sols très pauvres, elle pousse très bien, même en plaine, et donne un rendement en huile essentielle qui peut être dix fois supérieur à celui de la lavande.

Les efforts de mise en culture vont donc porter tout d'abord sur le lavandin. Cependant, comme pour la lavande, les premiers essais visant à transplanter dans un champ les individus trouvés à l'état sauvage ne donnent pas de bons résultats. Le lavandin étant un hybride, les grains de pollen sur les étamines présentent des anomalies qui le rendent généralement stérile.

Pour le mettre en culture, on a donc recours à la technique du bouturage, qui consiste à prélever sur une plante de lavandin, de préférence à l'automne, de petits rameaux, les boutures. Soigneusement élevées dans des pépinières, les boutures produisent en quelques mois des racines et deviennent donc des plants de lavandin qui pourront, à l'automne ou au printemps de l'année suivante (soit après un an et demi), être mis en place en plein champ.

Cette technique se répand largement et permet rapidement la mise en culture de surfaces importantes, non seulement sur de petites parcelles en zone montagneuse, mais également sur des champs de plusieurs hectares dans des régions moins accidentées : vallées de l'Asse, plateau de Valensole (Alpes-de-Haute-Provence), Baronnies (Drôme), vallée du Rhône, Gard, Ardèche.

Au départ, les boutures sont prélevées sur des plants de lavandins sauvages repérés dans la nature, ce qui donne la première variété de lavandin, dite « Ordinaire ». Dans les années 1930, une autre variété

plus productive est mise au point par le Pr Abrial. Elle porte son nom : il s'agit du lavandin « Abrial » (ou *Abrialis*), qui représente jusque dans les années 1960 plus des deux tiers des surfaces plantées.

À cette époque, les cultures de lavandin sont frappées de dépérissement : les plantes jaunissent et meurent rapidement, la durée de vie des plantations passant de huit-dix ans à trois-quatre ans. Faute de remède, on recherche des variétés plus résistantes, dont on retiendra les plus importantes : les lavandins Super (dans les années 1950-1960), puis Grosso qui, à partir de 1975, va constituer la variété dominante. Actuellement, le lavandin Grosso représente plus des trois quarts des surfaces plantées, le reste étant partagé entre l'Abrial, le Super et une variété proche de l'Abrial, dénommée « Sumian ».

La cueillette de la lavande sauvage se poursuit jusque dans les années 1950, parallèlement à sa mise en culture progressive. Cette culture se fait à

partir du semis des graines, la lavande étant, contrairement au lavandin, une plante fertile.

La maîtrise de la mise en culture de la lavande et du lavandin va entraîner la plantation de très grandes surfaces, la demande de l'industrie pour l'huile essentielle de lavandin – moins chère que celle de lavande et bien adaptée aux besoins de la savonnerie, en particulier – ne cessant de croître.

En 1923, on produit en Provence 100 tonnes d'essence de lavande, dont 90 % sont obtenus à partir de lavande sauvage, la culture ne représentant que 10 %. Vers 1950, la cueillette disparaît pratiquement. La production est de 80 tonnes, mais la proportion entre cueillette de plantes sauvages et cultures s'est inversée : 10 % du tonnage d'essence produit sont issus de cueillette, alors que 90 % proviennent des plantes cultivées.

Actuellement, la production d'essence de lavande a régressé aux environs de 25 tonnes par an. En effet, la plante est plus difficile, et sa culture, qui se pratique forcément en altitude, se prête moins à la mécanisation que celle du lavandin. Son usage diminue en parfumerie, car elle doit faire face à la concurrence de produits moins chers et aux variations de la mode.

En 1924, la culture du lavandin produit 1 à 2 tonnes d'huiles essentielles. En 1950, elle atteint 200 tonnes, puis, stimulée par la croissance économique et par l'essor des détergents en poudre, elle passe, entre 1960 et 1980, de 500 à 1000 tonnes. De nos jours, la production annuelle d'essence de lavandin dépasse 1000 tonnes, principalement utilisées pour parfumer les produits de lessive. L'essence de lavandin est bien adaptée à la consommation de masse : son prix reste compétitif par rapport aux produits concurrents naturels, mais surtout synthétiques, car l'essor de l'industrie chimique après la Seconde Guerre mondiale a provoqué sur le marché un afflux de produits parfumants nouveaux, issus notamment de la pétrochimie. Ces produits chimiques, qui copient les odeurs naturelles ou présentent des notes tout à fait originales, se sont rapidement taillé la part du lion dans tous les domaines de la parfumerie. Certains produits naturels parviennent cependant à résister : c'est le cas du lavandin, qui reste une matière première largement diffusée grâce à son très bon rapport qualité/prix.

L'augmentation de la production et la réduction des coûts ont été possibles grâce aux efforts incessants pour améliorer la qualité des plantes, les méthodes et les techniques de culture, de récolte et de distillation.

La qualité des plantes

Elle s'apprécie en fonction de plusieurs critères.

Volume de la masse végétale : plus il est important, plus le rendement en fleurs à l'hectare est grand.

Vigueur et longévité : le prix de revient de la mise en culture s'amortit d'autant mieux que la plantation dure plus longtemps (environ 8 ans).

Adaptabilité à la mécanisation de la culture : une plante à tiges longues et enracinement profond se prêtera mieux, par exemple, à la récolte mécanique.

Rendement en huile essentielle : c'est le poids d'huile essentielle obtenu en distillant un poids donné de végétal. Il s'exprime en pourcentages. L'intérêt du producteur est que ce rendement soit le plus élevé possible.

Qualité de l'huile essentielle : les huiles essentielles sont appréciées en fonction de leurs caractéristiques olfactives et analytiques, suivant des normes précises qui reflètent les besoins industriels.

La sélection

Pour essayer de réunir dans une même plante l'ensemble de ces qualités, les producteurs prélèvent des boutures sur des individus qui leur paraissent particulièrement intéressants par leur volume, leur vigueur et leur rendement. Cette méthode permet d'obtenir, à partir d'un plant (« tête de clone »), des séries d'individus tous semblables, constituant un clone.

Les recherches entreprises dans ce domaine depuis une vingtaine d'années trouvent maintenant leur aboutissement pratique. Pour mettre en place une plantation, le producteur a le choix entre deux sortes de plants.

Ceux obtenus par la méthode traditionnelle : des boutures sont prélevées sur une plante appelée « pied mère » et élevées en pépinières pour donner des plants. Cette méthode est la plus économique, car elle ne nécessite pas de matériel particulier, mais la pureté variétale du pied mère n'est pas garantie, ni l'état sanitaire des plants – qui peuvent être porteurs de parasites ou de maladies, hérités du pied mère ou acquis dans le milieu où ils sont élevés.

D'autres plants sont maintenant disponibles chez des pépiniéristes spécialisés : au lieu de prélever une bouture ligneuse sur le pied mère , on prélève l'extrémité des jeunes pousses feuillées (d'où le nom de « boutures herbacées »), que l'on élève sous serre dans des godets de substrat bien humidifié où on leur apporte tous les éléments nécessaires à la croissance. En deux mois environ, les jeunes plants sont prêts à être plantés (au lieu d'un an ou d'un an et demi avec la méthode traditionnelle). Ces plants reviennent plus cher, mais, élevés dans un milieu protégé, ils sont exempts de germes pathogènes et les plantations vivent plus longtemps. L'investissement réalisé au moment de la mise en place de la plantation est donc amorti sur un plus grand nombre de récoltes.

Pour améliorer encore la qualité sanitaire et la pureté variétale des plants, on développe en laboratoire *(in vitro)* des cellules prélevées sur le bourgeon d'une pousse de lavandin. On élève ces cellules dans un milieu nourricier approprié, dans un tube à essai, et elles se multiplient pour former une plantule qui sera, à son tour, divisée en laboratoire. Les plantules seront ensuite transplantées en godets et acclimatées sous serre. Elles donneront des plants présentant entre eux une identité génétique parfaite.

Ces techniques de multiplication sont applicables à d'autres plantes, y compris la lavande. À côté de la lavande traditionnellement obtenue par semis (« lavande fine »), il existe des lavandes multipliées par bouturage, ou lavandes clonales.

Les champs de lavande fine présentent un aspect très hétérogène, car chaque plant est issu d'une graine qui comporte un code génétique particulier : couleur, forme, volume, qualité d'huile essentielle varient d'un individu à l'autre. Il s'agit d'une population d'individus différents. Au contraire, les champs de lavande clonale, comme ceux de lavandin, offrent des alignements de plantes identiques entre elles puisqu'elles appartiennent au même clone.

La lavande clonale a un meilleur rendement que la lavande fine de population, et sa culture, plus facile, s'assimile pratiquement à celle du lavandin. Les huiles essentielles sont donc moins chères et se vendent plus facilement. Pour ces différentes raisons, la culture de la lavande clonale se développe de plus en plus, alors que la lavande fine de population n'occupe plus que de petites parcelles en zone d'altitude.

La plantation

La plantation se fait à l'automne ou au printemps si le climat laisse craindre des hivers rigoureux. Dans les régions d'altitude ou exposées au souffle du mistral, il arrive que les gelées répétées endommagent les plantations.

Au début de la mise en culture de la lavande et du lavandin (1920-1930), on dispose les plants en ligne, en laissant assez d'espace entre les lignes et entre les plants sur la ligne pour pouvoir faire passer les différents instruments agricoles et couper à la faucille.

Par la suite, avec l'apparition des machines à couper (en 1950), on calcule les distances de plantation en fonction du type de coupeuse utilisée. Les cultures restant en place plusieurs années, la mécanisation de la coupe se fait lentement puisqu'il faut attendre le renouvellement de toutes les plantations.

On considère que la récolte mécanique ne commence vraiment à se généraliser qu'à partir des années 1960. Vingt ans plus tard, la récolte manuelle a pratiquement disparu.

Pour que la future plantation se prête bien à la coupe à la machine, les plants doivent être très serrés sur la ligne et offrir une masse végétale continue, dense et régulière.

Un enracinement profond et rayonnant est indispensable pour que toutes les plantes puissent trouver dans le sol une quantité d'eau suffisante et résister à la traction annuelle lors du passage de la machine à couper.

Les plants obtenus par bouturage herbacé présentent un système racinaire harmonieusement développé, ce qui répond parfaitement à ces exigences. De plus, ils sont tous de taille et de forme assez semblables pour permettre également la mécanisation de la plantation.

Les machines à planter utilisées ne sont pas spécifiques mais adaptées à partir de planteuses à tabac ou à pomme de terre, par exemple.

On plante environ 10000 plants par hectare de lavandin et 15000 par hectare de lavande.

La plantation manuelle est de plus en plus limitée aux petites surfaces ou au remplacement des quelques plants qui n'ont pas repris ou qui sont morts dans les premières années de la plantation.

La conduite de la culture

Il serait souhaitable de pouvoir arroser au moment de la plantation et après chaque récolte, car les plantes ont alors tout particulièrement besoin d'eau bien qu'elles puissent supporter par ailleurs de longues périodes de sécheresse. Certaines machines à planter comportent un dispositif qui distribue un peu d'eau à chaque plant mis en terre afin de faciliter la reprise.

Il faut désherber la plantation une ou deux fois par an, soit avec des herbicides, soit par un travail mécanique, car les mauvaises herbes prélèvent une partie de l'eau du sol – qui en contient peu – et obstruent les dispositifs de coupe et de convoyage des machines à couper. Par ailleurs, certaines d'entre elles, si elles sont récoltées et distillées en même temps que des lavandes ou lavandins, confèrent aux essences des odeurs ou des colorations anormales. La plupart des champs sont donc soigneusement entretenus et parfaitement propres.

À partir de 1935, dans les zones de production intensive très ancienne, comme le plateau de Valensole, le lavandin fait quasi figure de monoculture. Les sols s'appauvrissent tellement qu'après vingt ou trente ans de plantations ininterrompues, les lavandins souffrent d'attaques parasitaires et de maladies diverses qui abrègent sensiblement leur durée de vie et leur rendement en huile essentielle. Pour lutter contre ce dépérissement, des traitements curatifs ou préventifs sont mis au point, mais il faut surtout trouver le moyen de reconstituer les sols. De nombreuses plantations de lavande et de lavandin sont alors remplacées par des cultures de blé dur, de soja ou de tournesol. En été, leurs jaunes éclatants voisinent avec le bleu-violet profond des lavandins, et offrent des contrastes de couleurs extraordinaires.

Ces productions sont souvent pratiquées dans le cadre d'un assolement entre deux cultures de lavandin. On y associe également la culture de fourrage (trèfle, sainfoin) et celle d'engrais verts (vesce), qui ne sont pas récoltés mais enfouis dans le sol pour le régénérer.

La récolte

La récolte se fait généralement de la mi-juillet à la mi-août, en fonction de la maturité des plantes, différente suivant les variétés, les conditions climatiques, etc. Le meilleur rendement en huile essentielle est obtenu lorsque 80 % des fleurs sont bien épanouies, voire légèrement fanées.

Des machines à couper sont mises au point dès 1925, mais ce n'est que dans les années 1960 que la mécanisation de la coupe connaît un véritable essor. Au départ, seul les champs de lavandin de grande surface et sur terrain plat étaient récoltés à la machine. Peu à peu, les machines et les plantes se sont adaptées et, actuellement, même la lavande fine est récoltée mécaniquement.

La récolte d'un hectare à la faucille demandait deux ou trois jours de travail à deux coupeurs rapides. Le même travail à la machine occupe maintenant deux hommes pendant deux ou trois heures ! Encore s'agit-il d'une moyenne avec des coupeuses classiques qui coupent un rang à la fois. On utilise parfois sur les très grandes surfaces (plateau de Valensole) des coupeuses qui récoltent trois rangs en même temps.

Les coupeuses lient les plantes en gerbe. Les gerbes sont laissées deux ou trois jours à sécher sur le champ pour perdre leur excédent d'eau avant d'être apportées à la distillerie.

La distillation

On pense que la distillation à la vapeur d'eau a été inventée ou du moins perfectionnée par les Arabes. Le système consiste à faire passer à travers la matière à distiller un courant de vapeur d'eau. La vapeur d'eau libère et entraîne l'huile essentielle volatile contenue dans les glandes sécrétrices des plantes. Le mélange de vapeur d'eau et d'huile essentielle, refroidi, se condense et retourne à l'état liquide. On le recueille dans un vase florentin, appelé « essencier », muni de deux robinets, à des hauteurs différentes. Dans l'essencier, par décantation, l'huile essentielle se sépare naturellement de l'eau : plus légère, elle flotte à la surface. On peut alors la soutirer par le robinet du haut.

Aux petites distilleries de cuivre (d'une capacité de 200-500 litres) du début du siècle ont rapidement succédé, en premier lieu dans les régions de grande production, des installations bien plus importantes. On compte actuellement plusieurs centaines de distilleries de tailles diverses, qui appartiennent à des distillateurs privés, à des entreprises ou à des producteurs groupés en coopératives.

Le prix de la distillation est payé par le producteur au kilo d'essence obtenu; il représente une part importante du prix de vente (entre 15 et 20 %), ce qui explique le souci d'amélioration constant des techniques et des appareils utilisés.

Généralement, une distillerie comprend au moins deux vases de distillation (ou alambics) de 5000 ou 6000 litres chacun. Un vase contient de 800 à 1000 kilos de plantes, que l'on tasse habituellement avec un pneu de tracteur rempli de béton pour en charger le plus possible.

On ne met pas d'eau comme autrefois à l'intérieur du vase. La vapeur, produite à l'extérieur, arrive par le fond du vase et traverse spontanément

la masse végétale, où elle se charge d'huile essentielle. Le flux est ensuite conduit à travers le « col de cygne » jusque dans le « serpentin » : il s'agit d'une tubulure enroulée sur elle-même pour offrir un maximum de surface de contact. Le serpentin est installé dans une cuve où circule un courant d'eau froide qui le réfrigère, permettant la condensation des vapeurs d'eau et d'huile essentielle.

Il faut environ trente minutes pour distiller un vase de lavande ou de lavandin. Le volume d'eau utilisé pour la réfrigération est à peu près égal à celui de l'alambic : en l'occurrence 5000 ou 6000 litres. Cela explique l'implantation habituelle des distilleries près d'un cours d'eau.

Traditionnellement, l'énergie nécessaire à la production de vapeur est obtenue en brûlant dans un four les plantes précédemment distillées. Mais certaines distilleries disposent de chaudières à mazout, à gaz ou électriques.

Les rendements en huile essentielle sont inférieurs à 1 % pour la lavande fine et de 2 à 3 % suivant les variétés pour le lavandin. C'est-à-dire qu'il faudra distiller de 120 à 130 kg de fleurs de lavande pour obtenir 1 kg d'essence alors que, suivant les variétés, de 35 à 70 kg de lavandin suffiront. Compte tenu de la masse végétale également plus faible de la lavande, un hectare de lavande donnera en moyenne 15 à 20 kg d'essence, un hectare de lavandin environ 100 kg avec des maxima supérieurs à 200 kg.

Depuis quelques années, une nouvelle technique tend à se développer, imitée de celle que l'on applique aux États-Unis pour la distillation de la menthe. On conduit dans le champ une benne (10-15 m^3) portée sur un camion. Une ensileuse récolte les plantes et les coupe en petits morceaux, déversés dans la benne.

Une fois pleine, la benne est conduite vers la distillerie, où on la recouvre d'un chapeau équipé d'une sortie vers un système réfrigérant. La benne, sur laquelle on branche une entrée de vapeur, sert elle-même de vase de distillation. Lorsque la distillation est terminée, on débranche les tubulures et la benne est conduite dans un champ où les résidus de distillation sont déversés (généralement pour servir de fertilisant).

Ce nouveau système connaît depuis quelques années un grand succès dans les régions de lavandiculture, car il permet de traiter rapidement de grandes quantités avec une main-d'œuvre restreinte, puisqu'il n'y a plus de manutention pour le chargement et le déchargement.

Plusieurs distilleries sont conçues en fonction de cette méthode. En 1994, on estime que 15 % de la récolte de lavandin ont été ainsi distillés en « vert-broyé ».

La commercialisation

Les huiles essentielles sont commercialisées par l'intermédiaire de courtiers, de négociants ou de groupements de producteurs. Peu de producteurs vendent directement leur production à des utilisateurs.

C'est parfois le cas, surtout pour les essences de lavande lorsqu'elles sont destinées à la pharmacie, à l'aromathérapie ou à la parfumerie de grand luxe. Les quantités concernées sont limitées (rarement plus de 200 kg) et le prix n'est pas le facteur déterminant.

La lavande ou le lavandin ne sont jamais utilisés en l'état, mais associés à d'autres matières naturelles ou synthétiques, pour constituer une composition destinée à parfumer un support donné : ce peut être une solution alcoolique (pour une eau de toilette), une base détergente (savons, lessives), etc.

Pour créer une composition, le parfumier dispose de centaines de matières premières. Il les choisit et les assemble un peu comme un musicien compose avec les sons, en fonction du produit fini que la composition est destinée à parfumer.

Même si sa formule comporte de la lavande ou du lavandin, la composition ne sera pas forcément à dominante « lavande », ce qui explique que la contribution des lavandes et lavandins passe parfois inaperçue aux yeux – ou plutôt au nez – des consommateurs ! Son prix devra, bien sûr, être en rapport avec celui du produit fini.

Certaines grandes sociétés de parfumerie ou de savonnerie disposent de leurs propres laboratoires de formulation et de fabrication de compositions.

Mais beaucoup font appel à des entreprises spécialisées qui proposent des gammes de compositions pour toutes sortes de supports et en créent aussi sur demande.

La plus grande partie de la production d'essence de lavande et de lavandin est vendue à l'exportation. Le premier marché est celui des États-Unis, suivi par l'Allemagne, l'Angleterre et la Suisse. Les autres pays d'Europe sont également d'importants consommateurs, de même que l'Amérique latine et le Japon. En fait, tous les pays sont consommateurs, soit directement, s'ils disposent d'industries capables d'utiliser ces matières premières, soit indirectement en achetant les compositions parfumées ou les produits finis qui en contiennent. Les principaux clients sont des sociétés multinationales qui recherchent en premier lieu des approvisionnements réguliers, de qualité égale, au meilleur prix. Les essences de lavande et de lavandin sont donc en compétition constante avec les autres matières premières naturelles ou synthétiques produites dans le monde. De ce fait, la pression de la concurrence internationale est extrêmement forte et l'adaptation au marché industriel demande un effort continuel aux agriculteurs. Dans les régions où les conditions géographiques le permettent, la mécanisation est développée au maximum et les infrastructures de distillation sont bien entretenues et régulièrement renouvelées. On assiste ainsi à une concentration de la culture du lavandin dans les départements des Alpes-de-Haute-Provence, de la Drôme et du Vaucluse, dans les zones peu accidentées où la culture est possible sur de grandes surfaces.

La surface totale cultivée en lavandin est estimée à environ 14000 hectares répartis entre deux mille producteurs. La moitié de ces surfaces sont situées sur les plateaux de Valensole et d'Albion; un quart d'entre elles dans d'autres régions de plaine (vallée du Rhône, par exemple).

Dans les régions de Valensole-Puimichel, Sault et Banon, près de la moitié des lavandiculteurs cultivent chacun plus de 20 hectares. En revanche, dans la vallée du Rhône, d'Apt et du Diois-Baronnies (Drôme), la moyenne des surfaces consacrée à la lavandiculture est de 5 à 7 hectares par exploitation.

La culture de la lavande, qui concerne environ 3000 hectares, est peu à peu abandonnée dans les régions les plus élevées et les plus accidentées (Hautes-Alpes) ainsi que dans les régions excentrées par rapport aux zones de grande production. La culture de la lavande fine de population (obtenue par semis) diminue au profit de la lavande clonale (multipliée par bouturage) et ces cultures ont donc tendance à se concentrer dans les mêmes régions que le lavandin : Drôme, Vaucluse, Alpes-de-Haute-Provence[1].

Pour l'ensemble des régions concernées, la lavandiculture représente une possibilité agricole importante, sinon majeure. Elle participe à un équilibre économique fragile, souvent très ancien : l'apiculture, par exemple, est traditionnellement associée à la lavande et au lavandin, plantes très mellifères. En se nourrissant du nectar des fleurs, les abeilles en arrêtent la sécrétion, et la quantité de sucre ainsi « économisée » par les fleurs contribue à améliorer le rendement en huile essentielle. De plus, pour les variétés fertiles, l'abeille est un agent pollinisateur très efficace.

Ces échanges de bons procédés sont observés depuis longtemps, et la transhumance des ruches est organisée en fonction des périodes de floraison des différentes régions lavandicoles.

D'autres plantes aromatiques et à parfum sont cultivées en Provence pour être distillées (sauge sclarée, hysope, estragon, etc.) séchées, surgelées (thym, basilic, romarin...). La cueillette de plantes sauvages se trouve marginalisée par rapport à l'importance des cultures, mais se maintient pour l'utilisation en herboristerie pharmaceutique, notamment. La cueillette des fleurs de tilleul, par exemple, reste importante dans la région des Baronnies. Il s'agit d'une semi-culture. Ces fleurs sont vendues pour faire des infusions, et les marchés au tilleul de début juillet sont particulièrement pittoresques.

Parmi ces ressources, qui ne sont plus tout à fait sauvages mais qui ne sont pas vraiment des cultures, la truffe occupe une place de choix : elle pousse spontanément au pied de certains chênes. Faute de savoir comment reproduire les truffes, on plante les chênes, dont la compagnie leur plaît, et, avec un peu de chance, elles viennent toutes seules. C'est ainsi que l'on voit souvent entre des raies de lavandins des rangées de jeunes arbres, futurs chênes truffiers. En attendant qu'ils poussent, on a le temps de faire quelques récoltes de lavandin et de dresser un chien ou un cochon pour la recherche des truffes que la présence des chênes ne manquera pas d'attirer.

En plaine, suivant les régions, les possibilités agricoles sont plus nombreuses : arbres fruitiers, céréales, vignes, etc., mais, dans les zones montagneuses, quelques amandiers, un troupeau de chèvres ou de moutons, la chasse et la cueillette des champignons en automne sont souvent les seuls compléments de la lavandiculture, qui constitue le revenu principal. Il faut absolument que les productions de lavande et de lavandin soient soutenues pour que les habitants puissent rester au pays, la présence d'une population rurale permanente étant la condition indispensable au maintien de la vie comme à la mise en valeur de ces campagnes.

Les champs de lavande et de lavandin sont si bien intégrés au paysage provençal que l'on oublie souvent qu'ils ne sont en rien « naturels ». Ils sont le résultat d'un travail continu et rigoureux qui donne des allures de jardins à des régions particulièrement ingrates. En ce sens, la lavandiculture fait partie du patrimoine esthétique de la Provence et doit être préservée autant pour cette vocation que pour son rôle économique.

C.M.

1. L'ensemble de ces données statistiques proviennent du rapport annuel 1993 de l'Office national interprofessionnel des plantes à parfums, aromatiques et médicinales (Volx, Alpes-de-Haute-Provence).

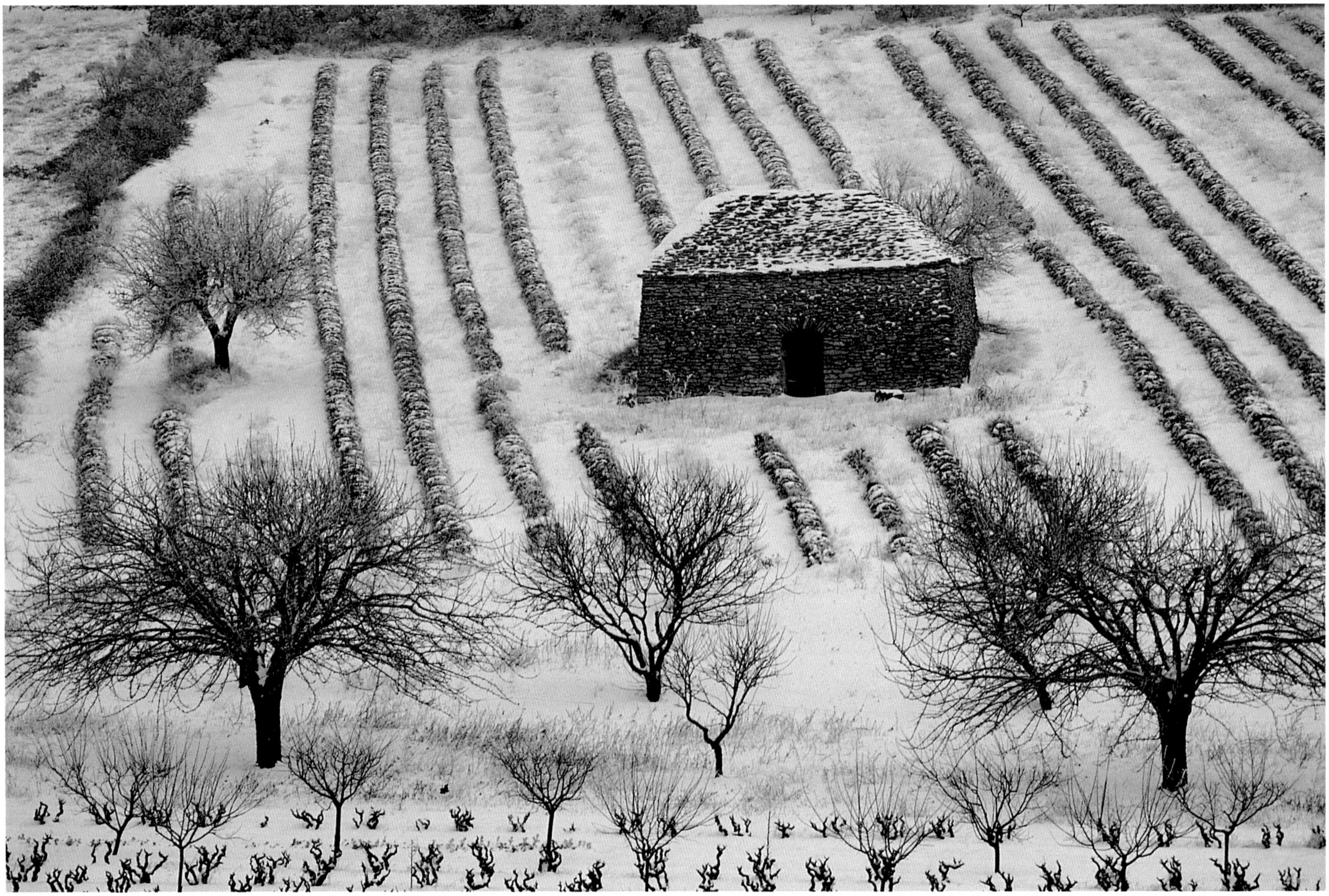

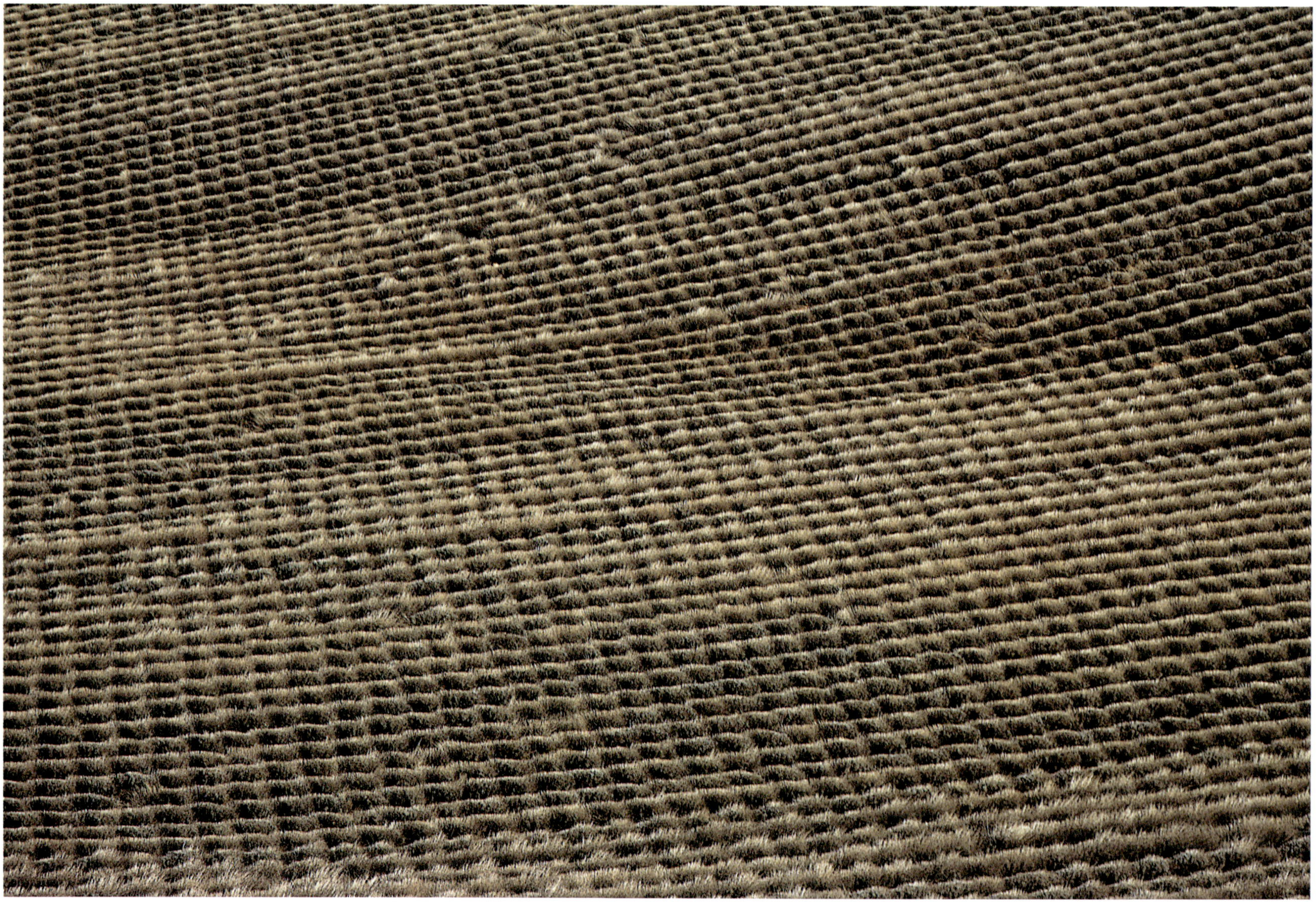

Les photographies des pages 7 à 20 ont été prises en 1962 :

7 Vieille ferme dans le Lubéron.

8 Fourche en bois de micocoulier utilisée pour manipuler les gerbes.

13 Chantier de récolte à la faucille : il s'agit de travailleurs saisonniers espagnols dans la région de Ferrassières (Drôme).

14 Coupeur portant à l'épaule le sac appelé «saquette» où il entasse les fleurs coupées à la faucille; le sol caillouteux et aride est typique des régions lavandicoles.

20 Champ de lavande planté pour la coupe manuelle : le coupeur doit pouvoir tourner autour des plantes qui sont donc disposées en «touffes» espacées les unes des autres. Aujourd'hui ce type de plantation a disparu au profit des lignes ininterrompues pour la coupe à la machine.

L'HIVER

25 Dans la plaine de Sault (Vaucluse), les châtaigniers ont perdu leurs feuilles.

26-27 Un éphémère saupoudrage de neige couvre les pousses de blé nouveau.

28 Le village d'Aurel (Vaucluse).

29 Qui est passé par là? Lièvre ou lapin...

30 Champ de cerisiers taillés pour que la récolte soit plus facile.

31 Les amandiers n'ont pas été abattus dans les champs de lavandin, même s'ils gênent le passage des machines.

34 Dans le Lubéron, à Bonieux (Vaucluse), une des nombreuses cabanes de pierres sèches, appelée «borie», où les bergers venaient s'abriter.

42-43 Un vieux chêne de Murs et les chèvres de Lioux; tous sont surpris par la neige qui vient de tomber.

LE PRINTEMPS

57 La neige fond en tombant et semble devenir pétales d'amandier...

59 Les fleurs de colza sont déjà d'un jaune éclatant tandis que les lavandins sont encore verts.

63 Le plateau de Valensole (Alpes-de-Haute-Provence) où voisinent les cultures intensives de lavandin et de blé dur.

72-73 La culture sous plastique gagne du terrain et permet de cultiver des primeurs (asperges, fraises, melons, etc.) dans des régions plus montagneuses.

86 En altitude, il y a environ 25 ans, un champ de lavande «de population» : chaque plant issu d'une graine présente des caractéristiques bien différentes de celles de son voisin. Les champs de lavandin, hybride stérile de la lavande multiplié par clonage et bouturage, présentent au contraire un aspect parfaitement homogène et géométrique (cf. 124).

L'ÉTÉ

89 Tout l'éclat de la floraison mi-juillet, dans la plaine de Sault (Vaucluse).

90 Il existe des champs de plusieurs dizaines d'hectares sur le plateau de Valensole : ces grandes superficies permettent d'améliorer la rentabilité des cultures.

94 La culture du tournesol est largement répandue en Provence : cette fleur appréciée par Van Gogh est cultivée pour l'huile contenue dans ses graines.

96 L'application de désherbants sélectifs et les binages ne sont pas toujours suffisants pour lutter contre les mauvaises herbes : elles envahissent les champs en cas de pluies répétées.

101 Les plantations sont établies en fonction du type de machine à couper qui sera utilisé pour la récolte.

103 Traditionnellement, les gerbes bottelées par la machine à couper sont laissées à sécher un ou deux jours sur le champ avant distillation.

104 Poirier au milieu des lavandins en fleurs.

113 L'aspect futuriste de certains champs de lavandin offre un contraste saisissant avec les plantations de lavande d'autrefois (cf. **86**)

114-115 Une mer de fleurs bleues à Puimoisson (Alpes-de-Haute-Provence).

116 Verger de cerisiers devant le massif du Lubéron.

117 Un orage se prépare : chacun craint la grêle dévastatrice.

120 Champ labouré en prévision d'une plantation prochaine.

122-123 Les bottes sont chargées dans l'alambic avant d'être distillées pour qu'on recueille leur essence. Dans les distilleries traditionnelles, après distillation, elles sont brûlées pour fournir la vapeur nécessaire au fonctionnement des appareils. L'alimentation d'un foyer de distillerie est un travail extrêmement pénible. Les nouveaux systèmes diminuent l'intervention humaine, mais font appel à des sources d'énergie extérieure (fuel, gaz, électricité).

L'AUTOMNE

135 Derrière les cerisiers, de jeunes chênes truffiers ont été plantés : en attendant qu'ils grandissent, on a planté du lavandin entre chaque rangée d'arbres.

137 L'œuvre d'art d'une araignée...

141 Un pigeonnier perdu dans les lavandins à Puimoisson.

142 Sophie, la truie, cherche les truffes avec son maître. Ce sont plus souvent des chiens «truffiers» qui sont spécialement dressés pour ce travail.

144 Boutures traditionnelles de lavandin.

145 Les larges étendues du plateau de Valensole, autrefois consacrées à l'élevage des moutons, ont rapidement permis le développement et la mécanisation des cultures de lavandin.

157 Les fleurs de lavande et lavandin sont très mellifères : les champs accueillent de nombreuses ruches. Les abeilles butinent du lever au coucher du soleil et fabriquent un miel réputé pour sa finesse et sa saveur.

160 Le peleur de courges : la courge est utilisée dans l'industrie des fruits confits, activité importante de la région d'Apt (Vaucluse).